LE VIEIL AIX

ALBUM DE GRAVURES

Représentant les Monuments, Objets d'art et Curiosités qui existaient
autrefois dans Aix

ainsi que diverses coutumes locales aujourd'hui abandonnées

Publié avec le concours de plusieurs Collaborateurs

PAR A. M. DE LA TOUR-KEYRIÉ

Auteur de

La Promenade d'un Étranger à Aix, — Les Curiosités particulières, — Les Excursions aux environs d'Aix, etc, etc.

PRIX DE LA LIVRAISON : 1 FRANC

AIX

ACHILLE MAKAIRE, IMPRIMEUR-ÉDITEUR

1897

Livraison N° 4.

LE VIEIL AIX

Les Tours Romaines de l'ancien Palais

Si quelque souvenir de notre antique cité mérite d'être conservé à l'admiration pieuse de ses enfants, c'est bien celui que le présent fascicule offre aux lecteurs du *Vieil Aix.*

Il y a, d'ailleurs, urgence à le faire, car le vandalisme des hommes et la nécessité des temps ont tellement défiguré le sol qui portait les monuments auxquels nous consacrons cette étude, qu'on n'arrive plus sans peine à concevoir leur vraie physionomie et à la présenter avec quelque succès au public.

Il s'agit des trois tours romaines, enclavées depuis le haut Moyen-Age dans ce palais qui fut tour à tour l'habitation de nos préteurs, la demeure de nos comtes, le siège de notre Parlement et sur l'emplacement duquel, avec quelques différences d'orientation, s'élève encore aujourd'hui notre Palais de Justice.

Trois dessins nous en redonnent l'aspect, après une destruction qui remonte à plus d'un siècle.

Le premier, qui est une reconstitution, historique d'ailleurs, nous montre les deux tours jumelles et reliées par un mur, servant de défense à l'entrée de la voie aurélienne dans Aix et de décoration à la demeure des préteurs qui leur fut adossée par derrière.

Le second reproduit la Tour, dite plus tard *de l'Horloge,* isolée des deux autres et située un peu en avant et en dehors des murs, du même côté que celle des premières qui s'élevait au couchant. Elle fut bâtie sous Adrien, comme mausolée.

Le troisième, enfin, nous donne la vue, d'après un croquis du temps, de la démolition des deux tours jumelles.

Nous suivrons l'ordre de ces dessins dans l'historique et la description de ces monuments vénérables dont la destruction voulue a privé la première colonie romaine des Gaules de ses parchemins lapidaires les plus authentiques et les plus glorieux.

Le Vieil Aix. — 4.

I.

Les deux Tours jumelles

Ces deux tours, pareilles de hauteur, de circonférence et de style, rondes de leur base à leur sommet, d'une élévation d'environ 20 mètres, se divisaient extérieurement en trois étages. Les deux étages supérieurs étaient ornés de pilastres doriques, entre lesquels le mur circulaire qui formait le massif de la tour était percé de fenêtres à cintre, tandis que l'étage de base n'avait ni ouvertures, ni galerie de pilastres. Trois entablements du même ordre séparaient ces divers étages, dont le plus haut vraisemblablement couronné de créneaux reçut beaucoup plus tard une toiture en poivrière.

Un mur, que la gravure représente tracé en ligne droite, mais que les auteurs les plus compétents affirment avoir été de forme concave, ce qu'ont attesté les fouilles de la démolition qui l'ont mis à nu, reliait entre elles ces deux tours.

Au centre de ce mur s'ouvrait une porte spacieuse. On a tous les droits de supposer qu'elle donnait entrée à la voie aurélienne dans la ville, car on retrouva, en 1786, le dallage d'une voie romaine, sous l'axe de laquelle un égout antique était creusé, et par la direction connue de cette grande artère des itinéraires romains, la voie aurélienne devait nécessairement aboutir à la porte en question.

C'est à Marius, le second fondateur d'Aix, qu'il faudrait attribuer, d'après les opinions les plus autorisées, la construction des deux tours qui nous occupent, ainsi que des murs qui en faisaient un même corps d'habitation.

Arrivé dans notre ville dix-sept ans après que le consul Sextius en avait posé la première pierre et l'avait dotée d'une colonie et d'une garnison romaines, Marius occupa ses troupes pendant trois hivers à la défense et à l'embellissement de la cité.

D'ailleurs la structure seule des deux tours jumelles, leur style plus régulier dans sa sobriété, leur masse plus forte, leur situation topographique, tout concourt à leur faire assigner une origine bien antérieure à la Tour du Mausolée ; tout porte à faire hommage de leur construction à Marius, comme l'ont affirmé de Gallaup-Chasteuil, Pitton, Gibelin et tant d'autres.

Cet édifice, moitié palais et moitié forteresse, ouvrage de défense autant que d'art, que protégeaient et décoraient à la fois nos deux tours jumelles, devint plus tard la demeure de nos préteurs.

C'est là qu'habita, entre bien d'autres, le farouche Arvandus, rendu fameux par le martyre de saint Mitre, vers la fin du V⁵ siècle. L'une des deux tours romaines vit la captivité et le supplice de notre illustre patron ; elle prit même son nom qu'elle partagea depuis avec celui de Tour du Chaperon et [1] son étage inférieur fut transformé en chapelle.

L'autre tour fut appelée, dès le Moyen-Age, la Tour du Trésor, du nom de l'un des services les plus importants qui étaient réunis dans le palais de nos comtes et qui fut géré plus tard par les gouverneurs royaux de France, leurs successeurs après l'annexion.

Maintenant comment emplacer, pour l'intelligence du lecteur, les deux tours disparues sans laisser de vestiges sur un sol totalement défiguré par des artères nouvelles et des constructions modernes ?

Nous l'essaierons quand même.

Qu'on se figure sous la forme d'un vaste rectangle l'ancien palais démoli en 1786 avec les tours romaines qu'il englobait depuis au moins sept siècles. Ce rectangle, aux lignes inégales et fortement brisées, occupait la plus grande partie de la place actuelle du Palais [2], les rues modernes Peiresc et Monclar, et même un coin des prisons d'aujourd'hui.

Son axe longitudinal, plus conforme aux vrais points cardinaux, allait du midi au nord, tandis que le carré du nouveau Palais vise à peu près par sa façade au S.-E., par ses lignes latérales au N.-E. et au S.-O., et au N.-O. par ses derrières.

La ligne orientale de ce rectangle donnait sur la place des Prêcheurs. On peut la reconstituer par la pensée, en partant de la maison d'angle de la rue Peiresc et en suivant le trottoir neuf qui borde la place actuelle du Palais. C'est de ce côté que se trouvait la façade proprement dite du monument. Un pavillon demi-circulaire en décorait le milieu.

Si, de l'endroit où le trottoir en question est actuellement coupé pour le pas-

---

[1] Le curieux tableau sur bois de la chapelle de Saint-Mitre, à Saint-Sauveur, donne, malgré la haute fantaisie du peintre, un aperçu des deux tours romaines qui flanquaient le palais des préteurs.

[2] Ne pas confondre avec la place des Prêcheurs.

LE VIEL AIX

LES TOURS ROMAINES DE L'ANCIEN PALAIS

I. — VUE EXTÉRIEURE

ge des voitures allant de la rue Thiers sur la place du Palais, l'on tire une ligne roite descendant vers le tournant de la rue des Gantiers, on aura, à peu près, ile méridionale de l'ancien palais, vers l'extrémité de laquelle, presque en face la petite place et de la rue de l'Ancienne-Madeleine, s'ouvrait une porte créelée, dite du Gouvernement.

De ce point vous remontez vers le nord vrai en coupant obliquement la nouelle rue Monclar, ainsi que l'angle ouest du Palais actuel et vous vous arrêtez au oin du carré de la prison, à l'endroit où aboutit, dans sa partie basse, la rue ifle-Rafle. C'est l'ancienne ligne occidentale de l'édifice, autrefois bordé sur ce oint par la rue du Messager, disparue comme bien d'autres dans l'énorme ouée de la démolition.

Enfin, pour avoir la face du nord, le côté le plus engagé dans les constructions djacentes, il faut suivre au-delà de la rue Peiresc, au-dessus des maisons qui sont à gauche de l'entrée du Portalet, une ligne idéale qui rejoindra de ce point la place au devant des prisons.

Sur les données précédentes, nous nous risquerons à donner aux Tours Jumelles leur ancienne place, qu'il n'était d'ailleurs pas facile de retrouver quand elles existaient encore, tant le fouillis du vieux palais les avait étouffées.

Sauf information meilleure, la Tour du *Chaperon* ou de Saint-Mitre devait s'élever à peu près à l'endroit où se trouve aujourd'hui le grand escalier du Palais ; celle du Trésor, un peu en avant de l'angle S. de l'édifice actuel, tandis que la Tour du Mausolée, un peu plus en avant encore de cette dernière, aurait eu pour emplacement la naissance de la montée qui conduit à la rue Monclar.

Dans cette hypothèse, la porte centrale du mur qui reliait les deux tours à l'époque romaine se serait trouvée assez en face du débouché de la Petite-Rue-Saint-Jean, qui passe communément pour indiquer la direction vers Aix de l'ancienne voie aurélienne.

CONDITIONS DE LA SOUSCRIPTION

L'Ouvrage se composera de 25 à 3o livraisons, composées chacune d'une gravure et d'une feuille de texte, qui paraîtront à des époques qu'on ne peut fixer par avance, mais elles seront remises au domicile des souscripteurs à mesure de leur mise en vente. Les livraisons ne se vendent pas séparément. On indiquera à la fin de l'Ouvrage l'ordre dans lequel elles devront être placées.

Prix de la Livraison : UN FRANC

On souscrit à la Librairie MAKAIRE, rue Thiers, 2. Aix.

sa démolition découvrit ne laissent plus de doutes sur sa destination et même sur la date de sa construction.

La Tour, dite de l'Horloge, est un mausolée du temps d'Adrien.

Sa forme, avons-nous dit. Si la tour en question avait fait partie d'un ouvrage de défense, comme les deux autres, elle n'aurait eu ni sa base carrée, très propice à l'escalade, ni sa galerie à jour, dangereuse pour les assiégés, ni son luxe d'ornementation sans exemple dans les constructions militaires.

Sa situation n'indique pas moins son affectation naturelle. Elle s'élevait sur le bord de la voie aurélienne, en dehors des murs, quoique à une distance assez rapprochée de la porte de la ville. N'est-ce point la place historique des tombeaux romains, affirmée par tous les monuments funéraires de cette époque, le long de la voie appienne, comme aux Alyscamps ?

Enfin, les précieux objets que la destruction de ce beau monument mit au jour confirment de tous points sa destination primitive.

En voici l'inventaire :

1° Une urne de marbre blanc, contenant des ossements embaumés. Elle était scellée au mur du premier étage par des crampons en fer.

2° Plus bas, une autre urne, du même marbre, avec des os brûlés, à l'intérieur, ainsi qu'une médaille de la ville de Marseille.

3° Au fond même de la tour, dans sa partie carrée, sous le couvercle en plomb d'une auge en pierre (*pila, arca lapidea*), une urne en porphyre ; deux anneaux d'or, le premier orné d'une émeraude, et le second, d'un onyx ; une médaille assez fruste de Trajan, en argent ; une médaille de grand bronze d'Œlius Verus ; enfin une boîte d'or (la *bulla* des fils de patriciens) ronde avec son collier et ses agrafes. Elle contenait un résidu de couleurs variées qu'on suppose être les cendres d'un cœur [1].

Non seulement tous ces objets indiquent jusqu'à la dernière évidence que nous sommes en présence d'un tombeau devant la Tour de l'Hrloge ; mais certains d'entre eux ne sont pas moins précieux pour assigner la date de l'érection du mausolée.

Si les urnes cinéraires, les bijoux trouvés dans l'*arca lapidea* du fond de la

tour, la bulle, notamment [2], qui était l'insigne porté au cou par les fils de famille, à Rome, déterminent clairement la destination primitive du monument et précisent même le caractère et l'âge de celui en l'honneur de qui il fut élevé [3], la médaille en bronze d'Œlius Verus, dont le second consulat nous ramène en l'an 156 de notre ère, nous montre que le mausolée date réellement de cette époque.

D'ailleurs, le caractère des ordres, l'élégance du style qui tourne déjà à la décadence, l'ensemble architectural du monument sont des témoins non moins précieux de l'érection du mausolée, du temps d'Adrien, cet empereur doublé d'un artiste, qui construisit, restaura et embellit tant d'édifices publics à Rome comme dans la Grèce.

Échappée, comme les deux Tours Jumelles, ses voisines, à la destruction totale de la ville qui fut l'œuvre des Sarrasins, la Tour du Mausolée fut englobée, lors de la reconstruction du palais prétorial par nos comtes souverains, dans l'enceinte de leur nouveau palais. Plus tard, la foudre ayant abattu deux des colonnes de la galerie à jour qui la surmontait, un massif de maçonnerie fut établi dans la rotonde supérieure pour consolider cette partie de l'édifice. Dans le vide laissé par la disparition des deux colonnes, on disposa un grand cadran et l'ancienne toiture conique du monument romain supporta, dans une cage en fer assez élancée, la sonnerie de l'horloge qui finit par donner son nom à la tour.

Des trois monuments qui nous occupent, la Tour de l'Horloge est le seul qui nous ait laissé, en dehors des curiosités qu'elle renfermait, quelques souvenirs de son existence. En effet, des douze colonnes de granit qui formaient sa rotonde supérieure, trois ornent encore aujourd'hui des fontaines de notre ville, construites ou restaurées en ce siècle. Ce sont les colonnes de granit érigées : 1° sur la fontaine des Augustins (place du même nom), laquelle est couronnée par une

---

[1] De toutes ces richesses, nous n'avons guère conservé que l'urne de porphyre (Bibliothèque Méjanes), les bijoux, les médailles et la bulla d'or sont à Paris, à la Bibliothèque Nationale.

[2] La *bulla aurea*, boule en or, célèbre dans l'antiquité Romaine (Asconius, Perse, Juvénal, Macrobe). Les adolescents la prenaient avec la robe prétexte. Au jour de la prise de la toge virile, on suspendait la *bulla aurea* à l'autel des Dieux Lares. Cet insigne, d'or pour les fils des patriciens, était de cuir pour les fils d'affranchis. Il était de forme sphérique, souvent orné à l'extérieur de la figure d'un cœur, parfois même de ce que Varron appelle avec une décence étrange chez un romain : *res turpicula*. Cette boîte s'ouvrait et des ornements d'orfèvrerie servaient à l'attacher au cou ou sur la poitrine.

[3] Vraisemblablement, les premiers restes déposés dans le mausolée sont ceux d'un jeune patricien d'environ 15 ou 16 ans, fils d'un préfet de la Province, qui fit ériger le monument à son intention et y fut, à son tour, enseveli avec sa femme, ce qu'indiquerait la présence des trois urnes funéraires.

LE VIEIL AIX

La Tour du Mausolée, dite de l'Horloge

En avant de celle des deux Tours Jumelles qui s'appelait la Tour du *Trésor*, mais seulement à une dizaine de mètres de distance et en dehors du mur de la ville, s'élevait une troisième tour plus haute et d'un style plus élégant que les deux premières.

Elle se composait :

1° D'un grand soubassement de forme carrée, construit en pierres de grand appareil et grossièrement taillées [1] ; cette base était arrêtée dans sa partie supérieure par un grand entablement d'ordre dorique.

2° D'un premier étage de forme circulaire dont le mur plein était flanqué de demi-pilastres arrondis, d'ordre corinthien, avec entrecolonnements également en demi-bosse d'un pilastre à l'autre. Au-dessus des chapiteaux régnait une belle corniche supportant un architrave coupé par de petits pilastres plats qui correspondaient aux demi-colonnes du premier étage et aux colonnes pleines du second.

3° D'un deuxième étage en forme de rotonde à jour, posée sur une base à pilastres plats comme ceux de l'architrave et formée de douze colonnes monolithes en granit d'ordre corinthien, comme les pilastres plaqués du premier étage.

4° D'une toiture conique à écailles, comme dans tous les monuments similaires.

Cette tour, qui s'appela plus tard la Tour de l'*Horloge*, ou la Grosse-Tour (elle mesurait 12 toises, c'est-à-dire 24 mètres, soit au moins 4 mètres de plus que les tours voisines), fut postérieurement englobée dans le massif du palais avec les deux autres et partagea le sort de l'édifice en 1786.

Qu'était-elle primitivement ? Sa forme, sa situation, les trésors historiques que

---

[1] Absolument comme les pierres du mur romain, à droite de la façade romane de la nef de *Corpus Domini*, à Saint-Sauveur.

LES TOURS ROMAINES DE L'ANCIEN PALAIS

II. — LA TOUR DU MAUSOLÉE, DITE DE L'HORLOGE

étoile aux pointes nombreuses ; 2° sur la fontaine Saint-Louis, à l'entrée du cours des Arts-et-Métiers ; cette colonne supporte le buste du saint roi ; 3° sur la fontaine, en face de la porte deBellegarde, avec le busté de Granet, le célèbre peintre Aixois.

Une quatrième colonne de la Tour du Mausolée eut une histoire plus singulière, qu'il importe de distinguer d'avec la légende mise en circulation à son sujet. Ce n'est pas en effet sans un profond étonnement qu'on lit dans les *Rues de Marseille*, d'Auguste Fabre (tome IV, p. 406) : « La ville d'Aix *fit don* à celle de Marseille d'une colonne de granit, et le 18 février 1801, le Conseil Municipal de Marseille délibéra que cette colonne serait surmontée du buste du Premier Consul et placée sur la promenade Bonaparte et que le *don* de la ville d'Aix serait honorablement mentionné... »

Le fait est que ladite colonne (aujourd'hui érigée, non plus à l'extrémité supérieure du cours Bonaparte, actuellement rebaptisé cours Pierre Puget, mais dans le jardin public par où l'on monte à Notre-Dame-de-la-Garde), a été tout simplement volée par ordre du citoyen préfet Delacroix, un devancier acharné du transfert. D'ailleurs, quand le titre de *chef-lieu* du département, officiellement assigné à la ville d'Aix par la Convention, dans l'organisation des nouvelles préfectures, a été lui-même transféré à Marseille par le caprice d'un administrateur qui *s'ennuyait* chez nous (ce qui montre que les mauvaises raisons sont celles qui ont la vie la plus dure), à quoi bon s'indigner de la confiscation d'une colonne romaine, alors qu'il en pullule sur notre sol classique et que plusieurs d'entre elles ont fini par servir de bornes au coin des rues ?

CONDITIONS DE LA SOUSCRIPTION

L'Ouvrage se composera de 25 à 3o livraisons, composées chacune d'une gravure et d'une feuille de texte, qui paraîtront à des époques qu'on ne peut fixer par avance, mais elles seront remises au domicile des souscripteurs à mesure de leur mise en vente. Les livraisons ne se vendent pas séparément. On indiquera à la fin de l'Ouvrage l'ordre dans lequel elles devront être placées.

Prix de la Livraison : **UN FRANC**

On souscrit à la Librairie MAKAIRE, rue Thiers, 2. Aix.

LE VIEIL AIX

DÉMOLITION DES TOURS ROMAINES

« Au mois d'août 1775, dit Roux-Alphéran, dans son précieux ouvrage sur les *Rues d'Aix* (tome 1, p. 14), un événement malheureux [1], qu'on soupçonna depuis d'avoir été prémédité, fut la cause vraie ou apparente de quelques réparations que le Parlement ordonna pour consolider diverses parties du palais et au mois de mars suivant, cette Cour souveraine délibéra de l'abandonner [2].

Ainsi fut signé, malgré quelques vives protestations de voix patriotes qui déclaraient « qu'on devrait étançonner avec des poutres d'or l'édifice en ruine », l'arrêt de mort de ce monument vénérable, où depuis plus d'un siècle avant notre ère, la justice était rendue à Aix et qui avait vu se succéder dans ses murs tous les divers représentants de l'autorité suprême en Provence.

C'était, en effet, dans ce palais dont les premières assises avaient été jetées par Marius, à l'aurore de notre histoire locale, qu'avait siégé toute une dynastie de préteurs, préposés au gouvernement de la première colonie romaine des Gaules ; là, que nos comtes souverains avaient habité, depuis le mariage d'Alphonse II, roi d'Aragon, avec *Garsende de Sabran*, petite fille de Guillaume IV, comte de Forcalquier, suzeraine de Provence (1209) ; là que fleurirent, sous des princes artistes, les cours d'amour et les pléiades de nos troubadours du Moyen-Age ; là, qu'étaient nées les quatre filles de Raymond Bérenger IV, toutes devenues reines, Marguerite, de France, par son mariage avec saint Louis ; Éléonore, d'Angleterre, en épousant Henri III ; Sancia, des Romains, par son union avec

---

[1] Des pierres s'étaient détachées du balcon de la grande porte d'entrée donnant sur la place des Prêcheurs et l'une d'elles brisa la cuisse d'un pauvre homme « *qui fit ainsi les frais de cette tragi-comédie* », Roux-Alphéran, *Rues d'Aix*, 1, 14.

[2] En suite de cette délibération, le Parlement transféra son siège au couvent des Prêcheurs ; la sénéchaussée, au collège Bourbon (maison des PP. Jésuites) ; la Cour des Comptes, aux Grands-Carmes (passage Agard), et les trésoriers généraux de France, chez les Augustins (en face l'église paroissiale du Saint-Esprit).

Richard, frère d'Henri III ; et Béatrix, de Naples, comme femme de Charles Ier d'Anjou.

De tous les princes provençaux, nul n'avait plus illustré le Palais d'Aix que le bon roi René, notre avant-dernier souverain, qui se plaisait à l'habiter. Depuis, avec le Parlement, et les autres grandes administrations dont les capitales étaient dotées, les gouverneurs généraux de Provence y faisaient leur demeure. Citons le bâtard de Savoie, frère de François Ier, glorieusement tombé à la bataille de Pavie ; Honoré, son petit-fils, qui refusa de faire exécuter en Provence le massacre de la Saint-Barthélemy ; le grand prieur de France, Henri d'Angoulême ; le cardinal de Vendôme, qui y mourut, comme le précédent ; le comte de Grignan, gendre de Mme de Sévigné, laquelle logea au Palais d'Aix, pendant tout l'hiver de 1672 à 1673, etc., etc.

Mais ces grands souvenirs, pas plus que la présence des monuments romains qui étaient comme les parchemins authentiques de l'antiquité et de la noblesse de notre ville, ne purent empêcher l'inexplicable vandalisme des magistrats de 1775. Ce fut en haine du Parlement *Maupeou* [1], disent les chroniqueurs bien informés, que fut votée la démolition de l'ancien Palais. Ainsi parce qu'il répugnait aux anciens conseillers, réintégrés en 1775, de siéger, de nouveau, là où ils avaient été remplacés par des intrus, pendant quatre ans, à peine, Aix fut condamnée à perdre ce que Roux-Alphéran appelle, dans sa légitime douleur de citoyen, « *le talisman protecteur de la ville* ».

Approuvée par Louis XVI, la démolition de l'ancien Palais, y compris les monuments romains qu'il renfermait, fut terminée en 1786. La gravure qui accompagne cette livraison est la reproduction d'un dessin pris pendant la démolition et permettant de voir une partie de l'intérieur qui sans cela serait inconnu.

Le célèbre architecte *Ledoux*, l'auteur des barrières de Paris, reçut commission du roi de dresser le plan du nouveau. Le projet, des plus grandioses, comportait quatre façades en saillie, dont la principale aurait été précédée d'une colonnade de toute la hauteur du monument, dominée elle-même par un fronton triangulaire orné de grands bas-reliefs. Au centre, un dôme se serait élevé, dont le couronnement, composé d'une rotonde à jour de colonnes corinthiennes et

______

[1] En 1774, Maupeou, chancelier de Louis XV, avait obtenu la dissolution de l'ancien Parlement et l'avait remplacé par une nouvelle Cour, qui avait pris son nom. Le corps de l'ancienne magistrature fut rétabli par Louis XVI, dès son avènement au trône.

recouvert par une toiture demi-sphérique, aurait assez bien rappelé l'antique mausolée détruit.

Si l'on y ajoute le dessein qu'avait Ledoux de rectifier la route d'Italie en amorçant en amont de Langesse un beau chemin qui serait venu aboutir à la porte de la Plate-Forme, laquelle ne s'ouvre sur aucune artère et d'où l'on aurait eu de loin la perspective du nouveau Palais, il ne sera pas malaisé de concevoir que le projet primitif de reconstruction de l'édifice avait un véritable cachet de grandeur.

Malheureusement la Révolution vint arrêter les travaux au début, et quand on les reprit, en 1822, le nouveau Palais de Justice fut élevé sur un tout autre plan, qui fit regretter davantage la disparition des monuments démolis et la non exécution du bel édifice qui devait les remplacer.

Le seul avantage qu'ait eu l'acte de barbarie accompli en 1786 a été celui de fournir de précieuses données pour l'archéologie locale.

Gibelin, dans sa *Lettre sur les Tours antiques*, parle, en témoin oculaire, des fouilles pratiquées entre les deux Tours Jumelles et des révélations historiques dont elles furent la source.

« On a trouvé, dit-il, à cet endroit, un massif très considérable établi sur le roc, composé à l'intérieur de maçonnerie à chaux et sable et à l'extérieur, de plusieurs rangs de pierres froides. Il occupait presque tout l'espace entre les deux tours. »

Ce massif était, à coup sûr, traversé par un grand chemin des plus beaux qu'aient jamais faits les Romains : les ornières profondes qui le sillonnent dans toute sa longueur prouvent qu'il était fréquenté par un grand nombre de voitures. Partout, ces ornières filent droit ; donc le chemin devait passer outre. La largeur des essieux, donnée par les ornières, est certainement de quatre pieds et demi d'intervalle (1^m,50).

Toujours d'après les observations de Gibelin, ledit chemin n'était point pavé de pierres irrégulières, mais de dalles oblongues, d'une épaisseur de 65 centimètres environ ; sous la dalle du milieu, régnait un aqueduc ; deux trottoirs bordaient la voie qui avait une largeur de six mètres. »

Cette découverte, ajoute le savant érudit, suffirait pour prouver l'existence d'une porte de la ville, entre les deux tours, au centre du mur demi-circulaire qui les reliait ; mais la situation de la Tour de l'Horloge vient encore à l'appui de cette opinion ; car les Romains ne plaçaient leurs tombeaux qu'en dehors de l'enceinte des villes, et c'était, surtout le long des grandes voies et auprès des portes

LE VIEIL AIX

LES TOURS ROMAINES DE L'ANCIEN PALAIS
III. — VUE PENDANT LA DÉMOLITION

principales d'une cité qu'ils étalaient la magnificence de leurs sépultures, témoins la *via Appia*, *Flaminia* et tant d'autres.

La route en question est certainement la fameuse voie Aurélienne qui sortait de Rome à l'ouest, par la porte aujourd'hui dite de San-Pancrazio, et qui, longeant la Méditerranée, faisait son entrée dans les Gaules, à *Cimiez*, capitale des Alpes-Maritimes, jusqu'au ve siècle. De là, après avoir traversé *Antipolis* (Antibes), *Horrea* (Cannes), *Forum Julii* (Fréjus), *Forum Voconii* (le Canet), *Turres* (Tourves) et *Tegulata* (la ferme de la Grande-Pugère), elle arrivait à Aix selon l'Itinéraire par terre, d'Antonin. On en retrouve des traces, en aval de la ville, non loin de la route d'Italie, auprès de la chapelle de Saint-Marc de l'Arc.

Entrée dans la ville, au midi, par la porte ouverte entre les deux tours du Palais prétorial, la voie aurélienne, dont on constate des vestiges dans les soussols de la rue de la Grande-Horloge, se divisait, à sa sortie, en deux branches principales [1], dont l'une se dirigeait sur Marseille par *Calcaria* (Calas) et Septèmes, l'autre, gagnait Arles, par Pélissanne, Mouriès, *Glanum* (Saint-Remy) et *Ernaginum* (Saint-Gabriel).

---

[1] Table de Peutinger.

C'est ainsi que la démolition du vieux Palais fournit la preuve des indications que le grand Peiresc avait données plus d'un siècle à l'avance ; mais ni le caractère précieux de cette découverte, ni l'exhumation des reliques romaines de notre mausolée, dont nous nous sommes occupés dans le fascicule précédent, ne sauraient excuser le marteau barbare qui jeta par terre ce vénérable édifice ; et malgré la pureté de l'air que l'on respire sur la place de la Rotonde [2], l'aspect grandiose que donnent à l'entrée de notre ville, les allées de Marseille et d'Avignon, qui viennent rejoindre le Cours, nous estimons que ces embellissements de voirie ont été trop payés par la destruction sacrilège de notre ancien Palais.

---

[2] C'est avec les déblais provenant de l'ancien palais d'Aix qu'on a créé, en 1786, la belle place de la Rotonde et les allées qui viennent y aboutir. L'étendue et l'exhaussement de niveau des terrains rapportés disent assez l'importance de l'édifice démoli.

ERRATUM

C'est par erreur que dans la livraison précédente, consacrée à la *Tour du Mausolée, dite de l'Horloge*, nous avons indiqué la *Convention* comme ayant assigné à Aix le titre de chef-lieu du département, il faut lire l'*Assemblée nationale*.

CONDITIONS DE LA SOUSCRIPTION

L'Ouvrage se composera de 25 à 3o livraisons, composées chacune d'une gravure et d'un feuille de texte, qui paraîtront à des époques qu'on ne peut fixer par avance, mais elles sero remises au domicile des souscripteurs à mesure de leur mise en vente. Les livraisons ne se vende pas séparément. On indiquera à la fin de l'Ouvrage l'ordre dans lequel elles devront être placées.

Prix de la Livraison : **UN FRANC**

On souscrit à la Librairie MAKAIRE, rue Thiers, 2. Aix.

www.ingramcontent.com/pod-product-compliance
Lightning Source LLC
Chambersburg PA
CBHW072244260726
48659CB00003BA/1007